JN037300

なのに

われる

キムチレシピ39皿

韓国料理研究家

ヒゼ先生の
愛情キムチ

著 ─ ヒゼ先生

徳間書店

「キムチは代々お嫁さんが受け継いでいく
伝統の味でもあるのです」
—— ヒゼ先生

アニョハセヨ。私は韓国料理家の"ヒゼ先生"こと、チェ・ヒゼといいます！ 日本は、3年間留学していたので、日本語も話せますし、日本人の友人も多いので、勝手に第二の故郷だと思っています。ただ唯一、日本にいるときに困ること、それはキムチの味が口に合わないことです。 韓国でキムチは、どこの家庭にも常備されていて家庭料理の核ともいえます。最近は、韓国でも既製品を買う人も増えていますが、主流はやはり手作り。作り方や材料は、家庭で異なる、"お袋の味"といえます。誰もが「オモニ（お母さん）の味がいちばん！」と感じていて、私もそのひとりです。我が家のキムチは、とにかく材料にこだわっています。白菜、大根、ねぎ、きゅうりなどの野菜は無農薬の自家栽培です。唐辛子も自分たちで天日干しします。味の決め手となるヤンニョム（合わせ調味料）に欠かせないあみの塩辛、イワシエキス、塩は目利きの母が厳選したものを地方まで買いにいきます。 今回は、その門外不出のチェ家特製キムチを、みなさんにお伝えしたく1冊にまとめさせていただきました。ご紹介のレシピは、一部、韓国の食材・食品を使用しています。ただ、日本でも購入やお取り寄せ可能なものばかりです。キムチを使った定番料理以外にも、朝ごはんやお酒のおつまみなど、アレンジ料理もたくさん提案させていただきます。みなさんの食卓がキムチで笑顔になれれば幸いです。

　韓国にはキムチをおいしく保存できる“キムチ冷蔵庫”が存在し、普通の冷蔵庫との“2台持ち”が一般的です。毎日、3食キムチを食べる人も珍しくありません。　2019年のデータによると国内のキムチ消費量は年間189万7000トン。一人当たり1年で36キロを食べる計算になります。これほどまで韓国人が愛してやまないキムチとは？　少し歴史をひも解いてみましょう。キムチの語源は、「野菜の塩漬け」を意味する「沈菜（チムチェ）」です。それが長い時間をかけてチムチェ→ディムチェ→キムチェに変わり、現在のキムチに定着しました。歴史の始まりは7世紀ごろです。初期のキムチは単純に野菜の塩漬けでした。12世紀になると香辛料が入り、16世紀には日本から伝わった唐辛子が使われ出し、独特の風味と辛みのアクセントが加わります。さらに、18世紀後半に塩辛を入れるようになり、うま味のあるキ

ムチへと進化します。　19世紀にキムチ作りに適した白菜が普及したことで、みなさんが想像する典型的なキムチの姿となりました。長い歴史を経て、現在まで発達した理由は、農耕中心の人々が野菜を好んで食べていたことや、塩辛など水産加工の塩漬け技術に優れていたことが挙げられます。

［p.4］ヒゼ先生はオモニのキムチが世界でいちばんおいしいと言う。［p.5上］ソウル全土から取り寄せるキムチの材料。［p.5下］チェ家の別荘、通称「山の家」。ここで育てた大根や白菜で作るキムチはひと際、おいしい。

　キムチを漬けるのは11月末〜12月上旬。この時期にとれる白菜は水分が少なく、葉が厚いのでキムチ作りに最適です。韓国の冬は寒さが厳しく、野菜の入手が困難なので、越冬前に春先まで食べるキムチを大量に漬けます。それを「キムジャン」と呼び、2013年にユネスコ無形文化遺産にも登録されています。　家族や親戚、地域でつながりのある人が集合し、リーダー（最年長の女性など）の合図に従いながら、一斉に白菜や大根のキムチを漬けます。年に一度、大きなたらいを囲みながら、アジュンマ（おばちゃん）たちが、ワイワイと井戸端会議をするコミュニケーションの場にもなっています。量は人数や消費量によって違いますが、4人家族の場合、20〜30株の白菜を漬けるのが一般的です。我が家は3人家族で30株ほど漬けます。　時期になると気象情報サイトがキムジャンに最適な日を発表し、市場には、白菜、大根、にんにく、唐辛子が大量に並びます。キムジャン休暇やキムジャン手当を出す企業もあり、お正月やお盆に匹敵する一大セレモニーといった雰囲気です。キムチやキムジャンは、韓国人が先祖代々継承してきた大切な伝統料理であり、伝統文化なのです。

日本のキムチと韓国のキムチの違い

║ 近年の発酵食品ブームなどもあり、キムチは日本の食卓にもすっかり定着しました。スーパーには、たくさんの種類のキムチが売られていて、その数は梅干しやぬか漬けを上回るといわれています。║ 私も日本に行くと、必ずキムチ売り場をチェックし、そのつど気になる商品を買って食べてみますが、韓国のキムチと日本のキムチには大きな違いを感じます。見た目に大きな差はないのですが、口に入れると「甘さ」を感じ、韓国で生まれ育った私には少し違和感があります。辛さに慣れていない日本人向けに、人工甘味料で中和しているのでしょう。もちろん、韓国のキムチも砂糖や梅シロップを入れることはありますが、あくまでも、発酵の立ち上がりをよくすることが目的です。║ 日本人が韓国のキムチを食べると「酸っぱい」と感じる人が多いようです。酸味の正体は、発酵の過程で、乳酸菌が糖を分解して作った「乳酸」です。時間の経過とともに発酵が進むと、酸っぱさも増します。そう、キムチは本来、日に日に味が変化するもので、それが魅力のひとつになっています。一説によると、乳酸菌がもっとも増えるのは漬けた3週間後で、この時がいちばんおいしいといわれています。

［p.6］キムチ冷蔵庫で熟成させた2年前のキムチ。このキムチを使った「キムチチゲ」はうま味が凝縮して格別。［p.7上］キムチを作った日はキムチ料理を食べるのが韓国の習慣。［p.7下］韓国人がみんな持っているキムチ専用冷蔵庫には年度を記入して保管。

私はキムジャンで漬けたキムチは、一気に食べ切らず、キムチ冷蔵庫で保存し、浅漬けから古漬けまで、その時々の味を楽しみます。漬けたては塩や唐辛子の味が少し強く感じますが、時間が経つとまろやかになり、酸味とうま味が出ます。日本のスーパーで売られているパックのキムチは「保存料」などの添加物が入り、腐敗と同時に、発酵に欠かせない乳酸菌も抑制しているものがほとんどです。そういったキムチは時間が経つとどうなるか？　味が変化するというよりは、風味やおいしさが損なわれる感じです。この点が、韓国のキムチと大きく異なります。ほかにも、しょうゆやはちみつ、粉末のカツオだしや牛肉だしなどが入っているキムチを見かけますが、これも日本ならではの味付けです。日本の友人に、我が家で漬けたキムチを、お裾分けすると、その味が忘れられないといってくれます。みなさんも、本書で紹介するキムチを作って、本場の味を知れば、きっとそのおいしさに目覚めるはずです。

もちろん、酸味がそもそも苦手な方もいらっしゃいますよね。そんな方は、鍋や炒め物など加熱調理をしてみてください。酸味が和らぎ、おいしくいただけますよ。

今やキムチは世界的な「優良発酵食品」

　世界にはバラエティー豊かな発酵食品があります。発酵を促す微生物もさまざまで、キムチは、白菜などの野菜の表面に生息している乳酸菌が作用する「乳酸菌発酵」です。この乳酸菌が野菜やあみの塩辛など、たんぱく質を分解することで、乳酸を作り出します。前のページでも触れましたが、韓国のキムチに酸味があるのは、乳酸のおかげです。乳酸菌発酵は、キムチを漬けたときから始まり、発酵が進むにつれ酸味が強くなります。それと同時にアミノ酸、イノシン酸、グアニル酸などの成分が生み出されるので、うま味も増してきます。発酵が進みすぎた韓国のキムチは、鼻をつくような刺激臭が発生し、表面にぬめりや白っぽい膜が張ることもありますが、腐敗しているわけではないので、食べても重大な健康被害につながる恐れは低いと考えられます。食べられないほどの酸味や苦み、悪臭がする場合は腐敗が進んでいる可能性があるので、食べるのを控えましょう。　私は酸味が効いた韓国のキムチが好きなので、発酵が進んだ白菜キムチは水で洗ってぬめりを落とし、キムチチゲやキムチチャーハンなど加熱料理に使います。ほどよい酸味と濃厚なうま味がアクセントになり、食欲をそそります。

8

［p.8］チェ家では白菜30株ほど、毎年一度に漬けるという。［p.9］韓国の日常の膳立てを飯床（バンサン）という。ちなみに膝を立てて食べるのはチマチョゴリ姿をより美しく見せるため。

　食品を発酵させると、栄養価や健康調節機能も大幅にアップします。キムチに含まれる乳酸菌は体によい働きをする善玉菌の代表格で、腸内で大腸菌などの悪玉菌の増殖を防ぐことで知られていますよね。特に、生きたまま腸に届く「生菌」は腸内環境を改善し、便秘解消や免疫力を高めてくれる効果が期待されています。花粉症やアレルギーを緩和する効果も実験で立証されているほどです。　一方で、胃酸や胆汁に負けて途中で死んでしまう乳酸菌もあります。乳酸菌といえば、チーズやヨーグルトを思い浮かべる人が多いと思います。しかし、キムチに含まれる植物由来の乳酸菌と、チーズやヨーグルトに含まれる動物由来の乳酸菌を比較すると、生命力が高く、生きたまま腸まで届くのは前者です。そういった意味でも、キムチに含まれる乳酸菌はとても優秀。キムチの主役といえるでしょう。もちろん、腸まで届かずに死んでしまった乳酸菌も、まったく役に立たないわけではありませんが、日本で売られている発酵を抑制したキムチは、主役の乳酸菌自体が不在、もしくは数が少ないです。せっかく食べるのであれば、主役がいきいきと活躍しているキムチを食べたいですよね。

キムチは美容と健康にいいスーパーフード

　韓国のキムチは、2006年にアメリカの健康専門誌『ヘルス』で、健康に優れた効果がある「世界五大健康食品」として、日本の大豆、スペインのオリーブオイル、ギリシャのヨーグルト、インドのレンズ豆とともに選ばれています。ほかの4品は単体の食材ですが、キムチは複数の食材から作られているので、より多くの栄養素が摂取できそうですよね。先ほどキムチの主役は乳酸菌といいましたが、ほかにも体にいい栄養がたくさん含まれているので、ご紹介していきましょう。　味の基盤となる唐辛子。こちらに含まれるカプサイシンは、体温を上げて血流をよくする効果があるため新陳代謝がアップし、内臓脂肪を燃焼してくれます。キムチに欠かせない、うま味と香りを形成するにんにくにはアリシンが含まれます。疲労回復に優れたビタミン B_1 の吸収を手助けしてくれるので、滋養強壮や免疫力向上が期待できます。さらに血管が拡張する働きから、冷え性のケアや動脈硬化、血栓の予防にもつながるといわれています。主原料である野菜はビタミン C が豊富です。発酵の過程で増えるビタミン B_1、B_2 などのビタミン B 群は代謝を促進させる効果があり、肌のターンオーバーを正常に保つのに役立ちます。

［p.10］ヒゼ先生がキムチの材料を買いにいくのは京東市場。京畿道北部や江原道でとれる農産物が所狭しと置いてある。［p.11］たくさん漬けるのでキムジャンは重労働というヒゼ先生。しかし、一族が集まり、慣れ親しんできた味を伝えていくことはとても重要だと語る。

また、野菜を塩漬けすると余分な水分が出るため、効率的に食物繊維も摂取できます。食物繊維には消化液の分泌を盛んにし、食物の消化をよくする効果があります。キムチの塩分が気になる人もいると思いますが、食物繊維が体内の余分な塩分の排出を助けてくれるので、食べ過ぎなければ、それほど心配することはありません。🀆日本の友人が韓国に遊びにくると、「どうして韓国人はそんなに肌がキレイなの？」と尋ねられます。確かに、私自身も便秘や肌荒れとは無縁ですが、その理由を深掘りしたことがありませんでした。改めて調べてみると、キムチはおいしいだけでなく、栄養バランスに優れるスーパーフードであることが分かりました。今では、「韓国人の美肌の秘訣はキムチと無関係ではない」と確信しています。これらのキムチパワーを存分に感じるにはパックのキムチと自家製のキムチ、どちらがよいでしょうか？　答えは明らかです。少し手間はかかりますが、ぜひ一度ご自身で漬けてみてください。🀆親戚や友人、ママ友と集まって"キムジャン"パーティを企画しても楽しいでしょう。多めに作っておけば、アレンジレシピにも利用できて便利です。たくさん食べて、これまで以上に美しく、健康になりましょう。

目次

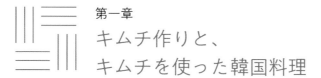

第一章
キムチ作りと、
キムチを使った韓国料理

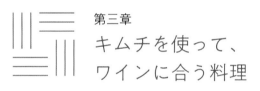

※一部、韓国の食材を使っているものがありますが、
　日本で購入できるものを使ってもおいしいキムチは作れます。
※レンジを使うものは600Ｗを基本とします。
※レシピ内で、「油」と書いてあるものは、
　ご自宅でいつも使っている油（米油、サラダ油など）を使用ください。

第一章

キムチ作りと、キムチを使った韓国料理

ここでは、チェ家秘伝の「白菜キムチ」の作り方とともに、こだわりの食材なども紹介。少し多めに作っておけば、定番の韓国料理もできますよ。一度食べたら、やみつきになるはず。

基本の白菜キムチを作る

一

白菜の下ごしらえをする

▓ 我が家ではキムチには「土板天日塩」という塩を使用。一般の天日塩に比べて約80〜85％で塩化ナトリウムの濃度が低く、カリウムとマグネシウムの含量が非常に高いのが特徴です。発酵食品を作る際におすすめなのは低塩のもの。後味に甘味が出ます。それを買ってすぐには使わずに何年間かおいて、にがりの味がなくなってから使っています。▓ また、キムチに使う白菜は自家栽培です。8月下旬に植えて11月のキムチ作りの前日に収穫して使います。日本産白菜は韓国産に比べて甘くて、水分多めなのが特徴。それでも大丈夫。日本の白菜でもおいしくできあがるように試行錯誤して作りましたので日本産で作ってみてください。もし、より韓国に似た白菜で試したいならば、10月末頃から出回る「ミニ白菜」を使ってみてください。味も水分量も韓国のものに似ています。

◎材料 ［作りやすい量］

白菜 —— ¼株

粗塩（韓国産）—— 100g

水 —— 1ℓ

8〜10%の塩水を作る。水1ℓにつき、80gの粗塩を入れます。時期によっても白菜の水分量が違うので、白菜の水分量によって塩分濃度を高めに調節を。

↓

ボウルに白菜を入れ、1の塩水を上からかけます。

↓

18

残りの塩20gを白菜にまぶします。

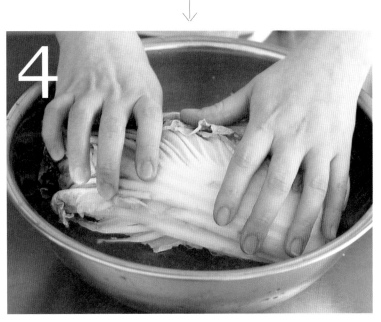

そのまま2〜3時間おきます。

白菜を逆にひっくり返して、さらに4〜6時間おきます（合計一晩おいておいて
OK！）。

↓

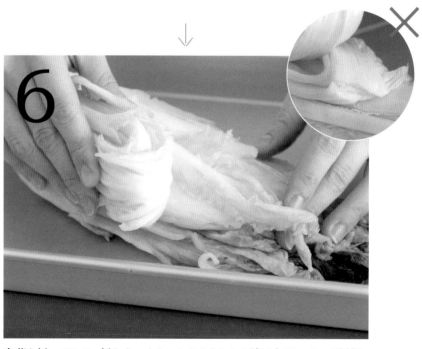

白菜を折ってみて、折れないぐらいしんなりしたら漬け上がっている証拠。
パチンと折れたらもう少しおいておきましょう。

↓

白菜がしんなりしたのを確認したら流水でよく洗います。

$\downarrow$

白菜の水が切れるようにザルにおき、白菜の断面を下にして3時間おいておきます。

二

キムチヤンニョムを作る

ヤンニョムとは唐辛子やにんにくなどを混ぜ合わせた韓国伝統の調味料のこと。キムチの素になる調味料を「キムチヤンニョム」といいます。これをちょっと多めに作っておくと、野菜や果物を和えると簡単に即席キムチができます。チェ家のキムチでは素材が大事とお話しましたが、「キムチヤンニョム」はキムチの味を決めるものなので、こだわって材料を準備すると、おいしい味になります。特にこだわってほしいのはイワシエキス、あみ（小海老）の塩辛、唐辛子です。これらは今はネットや韓国専門店で買えるようになりました。

◎材料 [作りやすい量]

イワシエキス —— 35g	冷やごはん —— 80g	梅シロップ —— 30g
あみの塩辛 —— 35g	にんにく —— 30g	唐辛子粉 —— 40g
	しょうが —— 10g	

まず、イワシエキスとはイワシを選別して塩を入れて発酵させた後、沈殿過程を経て、再び発酵、ろ過して保存したエキス。たまにナンプラーを代用することもありますが、イワシエキスのほうがやはりおいしくできあがります。長く熟成させるとさらに深味が上がるので、我が家では何年間寝かしてから使っています。

あみの塩辛は獲れる時期によって味が異なり、その漁獲時期によって塩辛の名前も価格が変わります。旧暦6月（6月末〜7月）に獲れるあみで作った塩辛は「ユクジョッ」。身がぎっしり詰まっていて最上の味を出すといわれています。プリプリとした胴体をそのまま使うため、噛む食感もよく、甘みが漂います。秋に獲れた塩辛は「チュジョッ」といいます。ユクジョッより身が薄く、価格が安くなります。我が家では「ユクジョッ」と「チュジョッ」を混ぜています。

特にキムチは唐辛子選びがとても重要で、香りも質もよく、キムチに適した韓国産唐辛子を使うことをおすすめします。市販の唐辛子粉は乾燥機で乾燥させた唐辛子を挽いて作ったものが一般的ですが、我が家は母の知り合いの農家に毎年頼んで、天日干しされた唐辛子の唐辛子粉を使ってます。秋のキムジャンに使う唐辛子は、その年に収穫したものを使うのが基本です。

唐辛子粉以外の材料をすべてミキサーに入れ、ペースト状にします。

↓

ボウルに移して、ペースト状になったものに唐辛子粉を入れます

↓

唐辛子粉が馴染むまでよく混ぜます。

冷凍庫で6カ月
冷蔵庫で10日間
保存可能

多めに作っておけば季節の野菜や果物（りんご、梨、柿など）と和えると即席
キムチになります。

三

大根ヤンニョムを作る

🔳 基本、キムチヤンニョムに大根とねぎを追加で加えます。大根やねぎは日本と韓国ではそれほど変わりません。キムチヤンニョムの作り方も家庭によってさまざまです。🔳 我が家はキムチヤンニョムの仕上げに大根と小ねぎを入れていますが、これらも自家栽培。我が家の山にある家は標高400mとやや高地のため、新鮮で味の甘い野菜が育ちます。そのため、キムチヤンニョムもただ辛いだけではなく、野菜の甘みが感じられます。

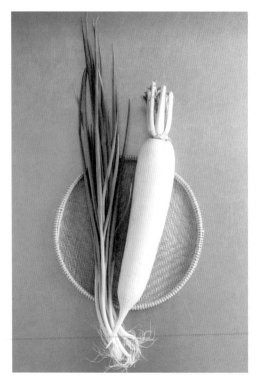

冷蔵庫で保管しておくと浅漬けキムチやこのままポッサム(P.44)に利用できます。

◎材料 [作りやすい量]
キムチヤンニョム
—— 200g (P.19)
大根 —— 600g
小ねぎ —— 50g

大根をスライサーで千切りにします。小ねぎは3cmに刻んでおきます。

↓

キムチヤンニョムを入れてよく混ぜます。

四

白菜に大根ヤンニョムを挟む

大根ヤンニョムを白菜に表・裏と塗っていきます。キムチの発酵の主役は乳酸菌です。白菜はなるべく空気を抜くように一塊にします。白菜は空気に触れると発酵が進んで酸っぱくなり、味が落ちるといわれています。また、漬けて1週間後が食べ頃ですが、2〜3日後に浅漬けとして食べることもできます。

8の白菜の葉をバットの上で開き、1枚1枚の葉の表と裏に大根ヤンニョム600〜800gを塗りつける。大根ヤンニョムは根元のほうに多く挟みます。

大根ヤンニョムがこぼれ出ないようにしながら、芯は下向きにして折り曲げるようにして保存容器に入れます。一番外側の大きな葉を引っ張り、全体を覆うようにくるむといいでしょう。

↓

密閉容器に、隙間がないようにラップなどをしてきっちり詰めます。1日常温でおいて発酵させてから、冷蔵庫で保存。これで2〜3日後には食べられます。

完成！

キムチバリエーション 1

ヴィーガンキムチ

写真はレシピの¼の量です

◎材料 [作りやすい量]

白菜 —— ¼個	**A**
大根 —— 100g	昆布だし —— 150㎖
粗塩 —— 大さじ1	にんにく —— 2片
水 —— 大さじ2	しょうが —— 5g
小ねぎ —— 30g	冷やごはん —— 30g
唐辛子粉 —— 80g	玉ねぎ —— ⅛個
薄口しょうゆ —— 小さじ1	りんご —— ¼個

◎作り方

1. 白菜と大根は食べやすい大きさに切ってボウルに移し、粗塩と水を入れて30分浸けてからさっと洗い、ザルにあげ水気を切る。

2. 小ねぎは3㎝に切る。

3. Aの材料をミキサーにかけて**ⓐ**ボウルに移し、唐辛子粉と薄口しょうゆを加え**ⓑ**、よく混ぜ合わせる。

4. 1を加えて和えて保存容器に入れ、空気が当たらないように表面にラップをする。常温に1日おいてから冷蔵庫で一晩冷やす。

水キムチ

キムチバリエーション 2

写真はレシピの½の量です

◎材料［作りやすい量］

白菜 —— ¼個

大根 —— 200g

粗塩 —— 大さじ2

せり —— 30g

赤唐辛子 —— 1本

昆布だし —— 600㎖

唐辛子粉 —— 大さじ1

水 —— 200㎖

砂糖 —— 小さじ1

りんご —— ¼個

じゃがいも —— 1個

A

にんにく —— 3片

しょうが —— 5g

りんご —— ¼個

玉ねぎ —— ¼個

◎作り方

1. 唐辛子粉をだしパック袋に入れて水200㎖に浸してふやかす。
   きれいな赤色が出たら袋は取り出す。

2. 白菜と大根は食べやすい大きさに切り、粗塩大さじ1を入れて
   20分浸けて、水でさっと洗いザルにあげ、水気を切る。

3. せりは3㎝幅に切り、赤唐辛子は種を取ってから薄千切りに。
   皮つきのままりんごも食べやすい大きさに切っておく。

4. 鍋にじゃがいも1個を茹でて、その茹で汁200㎖とともにAの
   材料を加え、ミキサーで撹拌させたあと、さらしやキッチンペー
   パーでこす。

5. 保存容器に1〜4を合わせ、昆布だし、粗塩大さじ1、砂糖を
   入れてよく混ぜ合わせ、冷蔵庫に一晩入れて冷やす。

オイキムチ

キムチバリエーション 3

写真はレシピの⅓の量です

◎材料［作りやすい量］

きゅうり ── 3本　　にら ── 30g

粗塩 ── 大さじ1　　玉ねぎ ── ¼個

水 ── 大さじ2　　　キムチヤンニョム(P.22) ── 60g

◎作り方

1. きゅうりは洗って縦に切り、種を取ってから3〜4cm幅に切る。ボウルに移し、粗塩と水を入れて手でよく揉み❹、ひっくり返しながら30分ほど浸けておく。

2. にらは2cm幅に切り。玉ねぎは薄切りにしておく。

3. 1を水に洗いザルにあげ、水気をしっかり切る。

4. ボウルに2と3、キムチヤンニョムを入れ混ぜ合せる❺。一晩、冷蔵庫で冷やしたら食べ頃。

ネギキムチ

キムチバリエーション 4

写真はレシピの½の量です

◎材料［作りやすい量］

小ねぎ —— 1束(100g)

イワシエキス —— 大さじ1

キムチヤンニョム(P.22) —— 50g

◎作り方

1. 小ねぎは洗って水気を切り、バットに移し、イワシエキスをかけて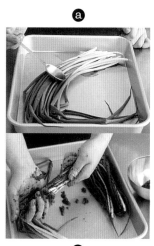⒜10分ほど浸けておく。

2. 小ねぎを1束(3～4本)ずつキムチヤンニョムを塗り⒝、保存容器に入れて積み重ねる。

3. 常温に半日おいてから一晩、冷蔵庫で冷やしたら食べ頃。

キムチバリエーション 5

キャベツキムチ

写真はレシピの¼の量です

◎材料［作りやすい量］

キャベツ —— 500g

粗塩 —— 大さじ1

水 —— 大さじ1

小ねぎ —— 50g

キムチヤンニョム(P.22) —— 80g

◎作り方

1. キャベツは食べやすい大きさに切り 、ボウルに移し、粗塩と
   水を入れて30分浸けてから水でさっと洗い、ザルにあげて水
   気を切っておく。

2. 小ねぎは3cm幅に切る ⓑ。

3. ボウルに1と2、キムチヤンニョムを入れてよく混ぜ合わせる。
   一晩、冷蔵庫で冷やしたら食べ頃。

カクテキ

写真はレシピの½の量です

◎材料 [作りやすい量]

大根 —— 600g

小ねぎ —— 50g

粗塩 —— 大さじ1

ヤクルト(65mℓ) —— 1本

キムチヤンニョム(P.22) —— 50g

◎作り方

1. 大根は2cm角に切り、ボウルに移して粗塩とヤクルトに1時間ほど浸けて、さっと水で洗い、ザルにあげて水気を切る。

2. 小ねぎは3cm幅に切り、ザルにあがった大根と合わせておく**ⓑ**。

3. ボウルに1と2、キムチヤンニョムを入れて混ぜ合わせる。一晩、冷蔵庫で冷やしたら食べ頃。

さばのキムチ煮

◎材料 [2人前] 30分

白菜キムチ —— 200g

さば —— 2切れ

塩 —— 少々

こしょう —— 少々

玉ねぎ —— ¼個

長ねぎ —— ½本

青唐辛子 —— 1本

A

米の研ぎ汁 —— 300㎖

唐辛子粉 —— 大さじ1

えごま油(またはこめ油) —— 大さじ1

みりん —— 大さじ1

味噌 —— 小さじ1

イワシエキス —— 小さじ2

しょうが(すりおろし) —— 小さじ2

◎作り方

1. さばは切り込みを入れ、塩・こしょうをふっておく。白菜キムチは3〜4㎝に切り、玉ねぎは薄切りに、長ねぎと青唐辛子は斜めに小口切りしておく。

2. Aをボウルに入れよく混ぜる❶。混ぜたAに玉ねぎとキムチを加え、鍋に移し中火にかける❷。煮立ったらさばを入れ、落し蓋をして、さらに煮る。さばの中まで火が通ったら、長ねぎと青唐辛子を加えて弱火にして5分ほど煮る。

❶　　　　　　　　❷

「韓国の代表的なオモニの味で
私がまず思い浮かべる一品は
実はこれです」

「チヂミを焼く音が雨の音に
似ていることから
韓国人は雨が降ると、
チヂミを食べたくなるんです」

キムチチヂミ

◎材料［直径8cm4枚分］ 20分

白菜キムチ ── 150g

　［ヴィーガンキムチに変更可］

豚ひき肉 ── 80g

干しえび ── 10g

長ねぎ ── 1本

青唐辛子 ── 1本

油 ── 適量

A

天ぷら粉 ── 150g

水 ── 200㎖

唐辛子粉 ── 小さじ1

コチュジャン ── 小さじ1

砂糖 ── 小さじ1

油 ── 小さじ1

〈タレ〉

しょうゆ ── 大さじ2

お酢 ── 小さじ1

ごま油 ── 小さじ1

唐辛子粉 ── 小さじ1

◎作り方

1. 白菜キムチは刻み、長ねぎは小口切り、青唐辛子は斜めに切る。

2. ボウルに**A**を合わせて混ぜ、**1**と豚ひき肉、干しえびを加えて混ぜる❶。

3. フライパンにたっぷりと油を入れ中火に熱し、**2**の¼ずつを流し入れ、全体を均一に広げて、❷、**1**の青唐辛子をのせる。油を加えながら両面がカリッとなるまで焼く。

4. タレを作れば完成。

ⓐ　　　　　　　　　ⓑ

「焼きマンドゥや
鍋に入れたり……。
冷凍して常備しておくと
大活躍する一品です」

キムチマンドゥ

◎材料 [20個分]　40分

白菜キムチ ── 200g

　[ネギキムチに変更可]

餃子の皮 ── 20枚分

長ねぎ ── 1本

豚ひき肉 ── 200g

韓国春雨(乾燥) ── 50g

A

　しょうゆ ── 小さじ2

　砂糖 ── 小さじ1

　ごま油 ── 小さじ1

B

　卵 ── 1個

　おろしにんにく ── 大さじ1

　えごま油 ── 大さじ1

水溶き小麦粉 ── 少々

〈タレ〉

　しょうゆ ── 大さじ2

　お酢 ── 小さじ1

　ごま油 ── 小さじ1

　唐辛子粉 ── 小さじ1

◎作り方

1. 白菜キムチは細かく刻み、長ねぎはみじん切りする。春雨はパッケージ通りに茹でてからみじん切りにしてAを加えて混ぜておく。

2. ボウルに豚ひき肉と1、Bを全部入れて粘り気が出るまで混ぜる❶。

3. 餃子の皮の中央に2をのせ、皮の縁に水溶き小麦粉を塗り、半分にたたみ、半月形に閉じる。開かないように指で縁を軽く押さえる❷。

4. 餃子の両端を重ね合わせ、水溶き小麦粉で留める。

5. 湯気の立った蒸し器に4を並べて、強火で10分ほど蒸したらできあがり。タレの材料をよく混ぜて完成。

❶　　　　　　　　　　　　❷

キムチチャプチェ

◎材料 [2人前] 15分

白菜キムチ —— 100ｇ

ごま油 —— 小さじ2

砂糖 —— 小さじ1

韓国春雨(乾) —— 100ｇ

油 —— 小さじ1

青唐辛子・赤唐辛子 —— 各1本

炒りごま —— 少々

A

油 —— 大さじ1

しょうゆ —— 大さじ1

砂糖 —— 小さじ1

◎作り方

1. 白菜キムチは洗い❶、細く千切りして、ごま油小さじ1と砂糖小さじ1を加えて和えておく。

2. フライパンに油を入れ、中火で熱し、1を炒めてボウルに移しておく❷。

3. 春雨はパッケージ通りに茹でて、流水で洗い、ザルにあげる。

4. フライパンにAを入れ中火にかけて砂糖が溶けたら洗った春雨をかき混ぜながら1〜2分炒める。

5. 唐辛子は種を取ってから、薄く斜め切りする。

6. 器に4を盛りつけ、2とカットした唐辛子をのせて、ごま油小さじ1と炒りごまを散らせば完成。

❶　　　　　　　　　　❷

「韓国の国民食でもある
チャプチェをキムチ風味に
アレンジしました」

ポッサム

「キムジャン（キムチを作る日）に
できあがったばかりのキムチとともに
食べる料理なんです」

44

◎材料［2人前］　60分

大根ヤンニョム(P.26)
　　　—— 200g
豚バラ肉(ブロック) —— 500g
水 —— 1500㎖
あみの塩辛 —— 大さじ1
ごま油 —— 小さじ1
白菜 —— 6枚
えごまの葉 —— 6枚

A
長ねぎ(青い部分) —— 1本
にんにく —— 5片
しょうが —— 10g
味噌 —— 大さじ1
しょうゆ —— 大さじ2
インスタントコーヒー
　　　—— 大さじ1

◎作り方

1. 豚バラ肉のブロックを水に浸し、30分以上血抜きをする。

2. 深い鍋に水1500㎖を入れ、1とAを入れて蓋をして強火にかける。沸騰したら中火にして30〜40分煮る。
　　※肉を串刺してスムーズに入れば、できあがっている証拠。

3. 2の肉を1㎝幅にする。

4. ごま油とあみの塩辛を混ぜ、タレを作る。

5. 大きな器に3を盛る。白菜とえごまの葉、大根ヤンニョムを添える。

6. 茹で豚にあみの塩辛をのせ、白菜やえごまの葉に包んで完成。

ⓐ　　　　　　　　　　　　　　ⓑ

「一人暮らしを始めたら
いちばん最初に覚える
韓国人の定番料理」

キムチチャーハン

◎材料［2人前］ 15分

白菜キムチ —— 200g
　　　［カクテキに変更可／細かく刻む］
冷やごはん —— 200g
じゃがいも —— 1個
ベーコン —— 50g
油 —— 適量
卵 —— 1個
小ねぎ —— 少々

A
コチュジャン —— 大さじ1
しょうゆ —— 大さじ1
みりん —— 大さじ1
ごま油 —— 小さじ1

◎作り方

1. 白菜キムチを細かく刻み、ベーコン1cm幅に切る。

2. じゃがいもは0.5cm角に切り、水に10分浸してザルにあげ、水気を切る。

3. Aをボウルに入れて、混ぜておく❶。

4. 中火に熱したフライパンに油をひき、2を入れて炒め、じゃがいもの色が透けてきたら、キムチとベーコンを加えてさらに炒める❷。

5. 冷やごはんと3を加えて、よく混ぜながら炒める。

6. 違うフライパンで目玉焼きを作って、チャーハンの上にのせ、小口切りした小ねぎをかけて完成。

❶

❷

スペアリブ入りキムチチゲ

◎材料［4人前］ 90分

古漬け白菜キムチ

（冷蔵庫で3カ月寝かせたもの）── 600g

スペアリブ ── 500g

木綿豆腐 ── ½丁

長ねぎ ── 1本

あみの塩辛 ── 大さじ1

水 ── 500㎖

唐辛子 ── 1本

A

| 韓国味噌(または赤味噌) ── 大さじ1

| インスタントコーヒー ── 小さじ1

| 長ねぎ(青い部分) ── 1本

| 水 ── 500㎖

B

| 油 ── 大さじ1

| ごま油 ── 大さじ1

| 砂糖 ── 大さじ1

| みりん ── 大さじ1

| 唐辛子粉 ── 大さじ1

◎作り方

1. スペアリブは水に30分以上浸けて血抜きをする。

2. 鍋に1とAを入れて火にかけて沸騰したら、そのまま5分間茹でる❶。茹でたスペアリブは流水で洗ったあと、水気を切っておく。

3. 古漬け白菜キムチ（古漬けのほうが酸味が効いておいしくできあがります）は軽く水気を切って5cm程度に切る。

4. 土鍋に3とBを加え、からめて強火で炒める❷。

5. しっかり炒めたら水500㎖を入れ、強火で10分ほど煮る。

6. 茹でたスペアリブと斜めに切った長ねぎとあみの塩辛を加え、中火にかけて30分以上煮込む。

7. 豆腐を加え、弱火でさらに5分煮込む。

8. 最後に斜め切りにした唐辛子を飾って完成。

❶　　　　　　　　　❷

「私が韓国に戻ったら
必ず食べたくなるチゲ。
時間がかかりますが、
絶品なので作ってみてください」

「韓国人が大好きなキムチ＆豚肉。
お酒のおつまみとしても
とてもポピュラーです」

キムチ豚肉炒め

◎材料［2人前］ 20分

白菜キムチ ── 150g
［キャベツキムチに変更可］
豚薄切り肉 ── 200g
玉ねぎ ── ¼個
油 ── 大さじ1
みりん ── 大さじ1
ごま油 ── 小さじ1
小ねぎ ── 少々

A
| しょうゆ ── 大さじ1
| みりん ── 大さじ1
| 砂糖 ── 小さじ1
| おろしにんにく ── 小さじ1
| しょうが(すりおろし) ── 小さじ1
| こしょう ── 少々

B
| 唐辛子粉 ── 大さじ1
| コチュジャン ── 小さじ1
| オイスターソース ── 大さじ½

◎作り方

1. 豚薄切り肉をボウルに入れ、Aを加えて手でよく揉み込んで❶、10分間寝かしておく。

2. 白菜キムチは食べやすい大きさに切り、玉ねぎは薄切りに。

3. 油を入れて中火に熱したフライパンに1を入れ炒める。肉の色が変わってきたら白菜キムチとBを入れて炒め合わせる❷。

4. 玉ねぎを入れさっと炒め、最後にみりんとごま油を加えてよく混ぜてから火を止める。盛りつけたあとに小口切りした小ねぎをかけたら完成。

❶　　　　　　　❷

牛肉キムチ炊き込みごはん

◎材料［4人前］ 40分

白菜キムチ —— 150g	水 —— 500mℓ
米 —— 2合	にんにく —— 3片
牛肉(ブロック) —— 150g	しょうゆ —— 大さじ1
長ねぎ —— ½本	せり —— 50g
バター —— 20g	

◎作り方

1. 米は洗ってザルにあげておく。

2. 白菜キムチは食べやすい大きさに切り、牛肉は2cm角に切る。長ねぎは小口切りにし、にんにくはスライスする。せりは1cm幅に切っておく。

3. 鍋にバターを入れ、火にかけて長ねぎと牛肉を入れ炒める❶。

4. 牛肉の色が変わってきたらキムチと米も加えて炒めてから水とにんにくを加えて、蓋をせず中火で沸騰させる❷。

5. 水分がなくなってきたら、蓋をして弱火で10分間加熱したら、火を止め、再度10分間蒸らす。

6. 最後にせりを加えたら完成。

❶　　　　　　　　❷

「お米が大好きな韓国人。
ホームパーティーをする際に
〆に出すとワーっと歓喜の声!」

「遠足などで昔から食べているキンパは
今では忙しい人たちの
ファストフードに！」

54

キムチキンパ

◎材料［2人前］ 20分

白菜キムチ ── 100g

ツナ缶 ── 70g

油 ── 大さじ1

卵 ── 2個

塩 ── 小さじ1½

ごま油 ── 小さじ4

温かいごはん ── 300g

のり ── 2枚

マヨネーズ ── 大さじ1

A

コチュジャン ── 小さじ1

しょうゆ ── 小さじ1

砂糖 ── 大さじ1

◎作り方

1. 白菜キムチは細かく刻み、ザルにあげ、水気を切る。ボウルに刻んだキムチとツナ、**A**を入れてよく混ぜる❶。

2. フライパンに油をひき、中火に熱して**1**を入れて焦げないように混ぜながら炒めて別皿においておく。

3. 卵2個に塩小さじ1を加えて溶きほぐし、ごま油小さじ1をひいたフライパンで熱し、溶き卵を流し入れ薄焼き卵を2枚を作る。

4. ごはんは塩小さじ½とごま油小さじ1を加えて混ぜ、粗熱を取っておく。

5. 薄焼き卵1枚に**2**の半分をのせて先に巻いておく❷。同様にもう1個作る。

6. 巻きすにのり1枚をのせ、ごはんが均一になるように広げる。ごはんの上に**5**をのせて手前からしっかり巻き付ける。同様にもう1本も巻く。

7. のりの表面にごま油小さじ1を塗り、1.5cm幅に切り、器に盛りつけ、マヨネーズをつけて完成。

❶　　　　　　　　❷

おいしい！
インスタント麺とは思えない味わい！

キムチスンドゥブラーメン

味噌ラーメンが
おすすめ！

◎材料 [1人前] 　20分

インスタント味噌ラーメン ── 1袋

白菜キムチ ── 50g

合いびき肉 ── 50g

長ねぎ ── 30g

ごま油 ── 小さじ1

豆腐 ── 100g

小ねぎ ── 小さじ1

卵黄 ── 1個

A

　唐辛子粉 ── 小さじ1

　おろしにんにく ── 小さじ1

　しょうゆ ── 小さじ1

　砂糖 ── 小さじ1

◎作り方

1. 白菜キムチをみじん切りにする**ⓐ**。

2. フライパンにごま油をひき、みじん切りした長ねぎを入れて弱
   火にして香りが立つまで炒める**ⓑ**。

3. 合いびき肉とキムチ、**A**を入れてかき混ぜながら中火で肉に火
   が通るようにしっかり炒める**ⓒ**。

4. 鍋にインスタントラーメンの表示通りに水を入れ、沸騰したら
   麺と3を加えて煮込む。

5. 仕上がりの1分前にラーメンスープの素と豆腐を加え、1分ほど
   煮込み、最後に小口切りした小ねぎと卵黄をのせて完成。

ⓐ　　　　　　　　　ⓑ　　　　　　　　　ⓒ

第二章

キムチを使って、日本のアレンジ料理

白菜キムチをいつもの料理に使えば、ひと味違うキムチ料理に。炒めたり、揚げたりするだけで酸味やうま味もからみあった奥深い味になって、お料理がワンランクアップ！

キムチばくだんそば

◎材料 [1人前] 　20分

白菜キムチ —— 50g

　　[水キムチに変更可／汁のみでも]

蕎麦(乾) —— 60〜80g

サンチュ —— 4枚

鶏ひき肉 —— 80g

油 —— 小さじ1

すりごま —— 大さじ1

温泉卵 —— 1個

A

｜ しょうゆ —— 小さじ1

｜ みりん —— 小さじ1

｜ 砂糖 —— 小さじ½

〈タレ〉

しょうゆ —— 大さじ2

お酢 —— 大さじ2

ごま油 —— 大さじ1

オリゴ糖 —— 大さじ1

唐辛子粉 —— 大さじ1

からし —— 小さじ1

◎作り方

1. 白菜キムチは細かく刻んでおく。サンチュは食べやすい大きさに切る。

2. ボウルに鶏ひき肉とAを混ぜて❶、油をひいたフライパンを熱して❷、肉そぼろを作っておく。

3. そばはパッケージの表記の通りに茹で、冷水で締めておく。タレを混ぜておく。

4. 器に3のそばを盛りつけ、白菜キムチ、サンチュ、すりごま、肉そぼろをのせて、タレを全体にかけ、上から温泉卵をのせれば完成。

ⓐ　　　　　　　　　　　ⓑ

「冷たいおそばは夏バテ解消にも。
納豆を加えれば腸活ごはんに！」

「まろやかな豆乳スープと
キムチの組み合わせが
絶妙なんです」

豆乳キムチ坦々麺

◎材料［1人前］ 20分

白菜キムチ —— 50g

うどん —— 1玉

豚ひき肉 —— 50g

長ねぎ —— 10cm

小ねぎ —— 適量

油 —— 小さじ1

炒りごま —— 小さじ1

A

 ごま油 —— 小さじ1

 コチュジャン —— 小さじ2

 しょうゆ —— 小さじ1

 オイスターソース —— 小さじ1

〈スープ〉

豆乳 —— 200ml

鶏がらスープの素 —— 小さじ1

練りごま(白) —— 小さじ1

◎作り方

1. 白菜キムチと長ねぎはみじん切りしておく。小ねぎは小口切りに。

2. Aを全部混ぜておく。中火に熱したフライパンに油をひき、豚ひき肉を炒める。

3. 豚ひき肉の色が変わったら1とAを入れて、キムチがしんなりなるまで炒める❶。

4. 鍋にスープの材料を入れて❷、火にかけ沸騰直前まで加熱し火から下ろす。

5. うどんはパッケージの表記通りに茹で、湯切りする。

6. 器にうどんを盛りつけスープを注ぎ、3をのせて、小ねぎと炒りごまを散らせば完成。

❶   ❷

キムチのロゼパスタ

◎材料［1人前］ 20分

白菜キムチ —— 100g	パルミジャーノレッジャーノ —— 15g
タリアテッレ —— 100g	卵黄 —— 1個分
厚切りベーコン —— 80g	こしょう —— 少々
玉ねぎ —— ¼個	パセリ —— 少々
油 —— 小さじ1	**A**
おろしにんにく —— 小さじ1	バター —— 10g
生クリーム —— 250㎖	みりん —— 大さじ1
	しょうゆ —— 大さじ1

◎作り方

1. 厚切りベーコンは1cm幅に切る。白菜キムチと玉ねぎは薄切りに。

2. タリアテッレはパッケージの表記より1〜2分短めに茹で、湯切りをしておく。

3. 中火に熱したフライパンに油をひきベーコンを炒め、こんがり焼けたら、おろしにんにくと白菜キムチ、玉ねぎを入れて炒める**ⓐ**。

4. 玉ねぎに薄く色がついたら、生クリームとAを加えて**ⓑ**、沸騰する直前に2を入れ中火で2〜3分煮込む。最後に卵黄とパルミジャーノレッジャーノ、こしょうを加え、刻んだパセリを散らして完成。

ⓐ　　　　　　　　　　ⓑ

「韓国で大ブームのロゼパスタを
カルボナーラ風にアレンジ」

「ほんのり辛いコロッケは
子どもにも大好評！」

キムチコロッケ

◎材料［1人前2個分］ 30分

白菜キムチ —— 100g

　　[カクテキに変更可／細かく刻む]

じゃがいも —— 2個（約250g）

玉ねぎ —— 60g

合いびき肉 —— 50g

バター —— 10g

砂糖 —— 小さじ1

塩・こしょう —— 各適量

小麦粉 —— 大さじ2

卵 —— 1個

パン粉 —— 40g

キャベツ —— お好みで

トマト —— お好みで

A

| コチュジャン —— 小さじ1
| 砂糖 —— 小さじ1

◎作り方

1. じゃがいもは皮をむき4等分にする。じゃがいもを鍋に入れ、浸るぐらいの水と塩小さじ1（分量外）を加え、火にかける。中火にして沸いたら弱火にし、中に火が通るまで茹でる。

2. 玉ねぎはみじん切りし、中火に熱したフライパンにバターを溶かしたあとに玉ねぎを入れて炒める。透明になったら、合いびき肉を加えしっかり炒めて、砂糖、塩、こしょうを加えて混ぜてからボウルに移しておく。

3. 白菜キムチを細かく刻み、ボウルに移して、**A**を混ぜ❶、弱火に熱したフライパンに油をひいて、焦げないように炒めて❷火から下ろし4等分にしておく。

4. 1のじゃがいもをつぶしてから2を混ぜて4等分する。

5. 手のひらで4を広げ、3をのせて包んで、小判型に形成する。

6. 小麦粉、溶いた卵、パン粉の順に衣を付けてから180℃に熱した油の鍋に入れて、衣がカリッとするまで揚げ、取り出して油を切る。

7. 器に盛りつけ、好みでキャベツやトマトなど加える。

❶　　　　　　　　　　　❷

「キャベツの代わりに
キムチの葉で巻くなんて、
斬新でしょう？」

◎材料 [2人前4個分] 30分

白菜キムチ —— 4枚(大きいサイズ)　　にら —— 30g

合いびき肉 —— 200g　　煮干しだし —— 300mℓ

卵 —— 1個　　イワシエキス —— 小さじ1

木綿豆腐 —— 100g　　小ねぎ —— 少々

もやし —— 30g

◎作り方

1. もやしはサッと茹でたあとみじん切りに。にらもみじん切りに。
   豆腐はほぐして軽くしぼっておく。小ねぎは小口切りにする。

2. ボウルに合いびき肉と卵を入れて、粘り気が出るまでこねて❷
   1を入れてよくまぜ、4等分にする。

3. 白菜キムチの葉に4等分した2をのせ包む。

4. 鍋に煮干しだしを入れて3を浸して中火にかけ、中に火が通
   るまで10〜15分ほど煮込み、最後にイワシエキスで味を整え
   る❸。器に盛りつけ、カットした小ねぎを散らせば完成。

❷　　　　　　　❸

キムチと鯵（あじ）の揚げ春巻き

◎材料［2人前4本分］ ｜30分｜

白菜キムチ —— 100g	砂糖 —— 小さじ1
［ネギキムチに変更可］	春巻きの皮 —— 4枚
鯵 —— 1匹(120g)	えごまの葉 —— 4枚
みょうが —— ½個	水溶き小麦粉 —— 少々
小ねぎ —— 10g	油 —— 適量
白味噌 —— 小さじ2	レモン —— ⅙カット
ごま油 —— 小さじ2	
油 —— 小さじ1	

◎作り方

1. みょうがはみじん切り、鯵は包丁で叩いて細かく刻み、ボウルに移す。小ねぎ、白味噌とごま油小さじ1を加え、鯵とみょうがと混ぜ合わせる。

2. 白菜キムチは細かく刻み、熱したフライパンに油をひいて、白菜キムチ、砂糖、ごま油小さじ1を入れて炒め、キムチがしんなりなったらボウルに移しておく。

3. 春巻きの皮にえごまの葉をのせ、1と2をのせて包み❶、巻き終わりに水溶き小麦粉を塗って留める。同じように4本分を作る。

4. フライパンに油を注ぎ、170℃に熱し、3を入れて裏返しながら両面にこんがりと色がついたら❷、油を切って、お皿に盛りレモンを添える。

❶

❷

「おつまみにも、お弁当にも！
手が止まらなくなる絶品の味」

「食べ応え抜群なピザはパーティにも！
子どもから大人まで楽しめる味」

70

プルコギキムチピザ

◎材料［1枚分］ 40分

白菜キムチ —— 100g
　　　［ヴィーガンキムチに変更可］
ピザ生地(市販用) —— 1枚
ピザ用チーズ —— 100g
マヨネーズ —— 大さじ1
牛小間切れ肉 —— 150g
玉ねぎ —— ¼個
ピーマン —— 1個
油 —— 少々
おろしにんにく —— 大さじ1

A
しょうゆ —— 大さじ1
砂糖 —— 大さじ½
おろしにんにく —— 小さじ1
ごま油 —— 小さじ1
こしょう —— 少々

B
ケチャップ —— 大さじ2
砂糖 —— 小さじ1
塩・こしょう —— 各少々

◎作り方

1. 玉ねぎとピーマンは薄切りにする。白菜キムチは細かく刻む。

2. ボウルに牛小間切れ肉とAの合わせ調味料をよく混ぜて中火に熱したフライパンで炒め❷、肉の色が変わってきたら火から下ろして別皿に移す。

3. 油をひいたフライパンにおろしにんにくを入れて中火にかける。玉ねぎとピーマンを炒めて、白菜キムチとBを加え、弱火にして3分ほど炒める❸。

4. ピザ生地のにマヨネーズを塗り、3→2→ピザ用チーズを順にのせ、200℃のオーブンで10分ほど焼いたら完成。

ⓐ　　　　　　　　　　　　ⓑ

キムチカツ煮

◎材料 [1人前] 15分

白菜キムチ —— 50g

とんかつ(市販用) —— 1枚

玉ねぎ —— ¼個

卵 —— 2個

三つ葉 —— 少々

A

| 水 —— 50㎖

| みりん —— 大さじ1

| しょうゆ —— 大さじ1

| 砂糖 —— 小さじ1

◎作り方

1. 玉ねぎは薄切り、白菜キムチは食べやすい大きさに切る。

2. とんかつを2cm幅に切る。

3. 鍋に1とAを入れて中火にかける❶。玉ねぎと白菜キムチが
   しんなりなったらとんかつと溶きほぐした卵を入れる。

4. 蓋をして、火を止め❷、30秒蒸らしたら三つ葉を飾って完成。

ⓐ   ⓑ

「ピリ辛キムチととんかつのコンビがクセになる！
簡単でおいしい！　大人のカツ煮」

キムチさつまいもグラタン

◎材料［2人前］ 40分

白菜キムチ —— 150g	ピザ用チーズ —— 50g
さつまいも —— 300g	油 —— 小さじ1
玉ねぎ —— 50g	**A**
トマト缶 —— 150g	生クリーム —— 50㎖
ケチャップ —— 大さじ1	バター —— 10g
ウスターソース —— 大さじ1	塩・こしょう —— 少々

◎作り方

1. さつまいもは皮をむいて2cm幅に切ってボウルに入れる。600Wの電子レンジで5分間加熱し、火が通って柔らかくなったら、なめらかになるまで潰してa、その後にAを加えて混ぜ合わせる。

2. 玉ねぎはみじん切りにしておく。みじん切りした白菜キムチとトマト缶、ケチャップ、ウスターソースを混ぜて、キムチソースを作る。

3. 中火に熱したフライパンに油をひき、玉ねぎを炒めて、透明になったらキムチソースを入れてb弱火にして5分ほどかき混ぜながら炒める。

4. 耐熱器に1→3→ピザ用チーズの順にのせ、200℃のオーブンで表面に焼き色がつくまで10分ほど焼けば完成。

74

ⓐ　　　　　　　ⓑ

「キムチの辛さを
さつまいもの甘さとチーズで
マイルドに」

「ピリ辛キムチ×卵のまろやかさの
合わないわけがない
抜群のおいしさ」

キムチ親子丼

◎材料 [1人前] 　30分

白菜キムチ —— 80g		油 —— 大さじ1	
ごはん —— 200g		三つ葉 —— 少々	
鶏もも肉 —— 200g		**A**	
塩・こしょう —— 少々		しょうゆ —— 大さじ1	
おろしにんにく —— 小さじ1		みりん —— 大さじ1	
卵(Mサイズ) —— 2個		砂糖 —— 小さじ2	
牛乳 —— 大さじ2			

◎作り方

1. 鶏もも肉は両面に、塩・こしょうをふって、おろしにんにくを加えて10分ほど寝かしておく。中火に熱したフライパンで、鶏もも肉の皮側から焼き5分、裏返して蓋をし4分ほど焼く。

2. 鶏肉の中まで火が通ったら、**A**を入れて煮詰め、照りが出たら火から下ろして、2cm幅に切る。

3. 白菜キムチは刻んで、ザルにあげる❶。

4. ボウルに卵を割り入れて、よく混ぜ合わせ、牛乳を加えて混ぜ合わせる。中火に熱した別のフライパンに油をひき、卵液と白菜キムチを入れて外側から内側にかき混ぜ、半熟になったら火を止める❷。

5. 器にごはんをよそい、4をのせ、2の鶏肉をのせて、三つ葉を添えて完成。

❶　　　　　　　　　　　　　　❷

鯛キムチ棒寿司

<ruby>鯛<rt>たい</rt></ruby>

◎材料［1本分］ 20分

白菜キムチ —— 100g

鯛（刺身用）—— 150g

えごまの葉 —— 3枚

ごはん —— 200g

寿司酢 —— 大さじ2

炒りごま —— 大さじ1

木の芽（さんしょうの葉）—— 少々

◎作り方

1. 白菜キムチは切らないで葉っぱのまま洗い❶、しっかり水気を切っておく。

2. ごはんに寿司酢を入れ手早く混ぜて、冷ましたら炒りごまを入れてざっくり混ぜ合わせる。

3. 巻きすにラップをひき、手前に鯛の刺身を並べて❷、その上から洗った白菜キムチとえごまの葉をのせてから2のごはんをのせ、巻きすでしっかりと巻く。

4. 巻き終わったらラップのまま冷蔵庫で30分ほど休ませてから食べやすい大きさにカットしてラップを外す。

5. 器に盛りつけ、木の芽と炒りごまをのせて完成。

ⓐ　　　　　　　　　　ⓑ

「キムチの酸味がアクセント！
おもてなしにも喜ばれる一品です」

サイトを見てね！

ヒゼ先生がセレクトした
韓国の調味料からオリジナルグッズまで

お取り寄せサイトがオープン

日本でも料理教室が大人気のヒゼ先生。キムチを作る際に実際に
使っている日本未入荷の韓国の調味料セットから、料理に華を添え
る真鍮のお皿、オリジナルエプロンまで、身近なところから "韓国"
を楽しみませんか？

맛있어 (マシッソ＝おいしい) と배고파 (ペコパ＝
おなかすいた) と書かれたエプロンはヒゼ先生
のオリジナル。スマホも入る大きなポケット
も付いていて便利。
エプロン 各¥4,500

ピンク字は맛있어 (マシッソ)、
グリーン字は배고파 (ペコパ)。

使ってみると意外なほど存在感を放つのが
真鍮。自宅のごはんが華やかになります。
真鍮花形の皿(23㎝) ¥15,000
真鍮デザートフォーク(4本セット) ¥12,000

https://hizeshop.com/

第三章

キムチを使って、ワインに合う料理

辛味や風味のインパクトが強いキムチだけでは
ワインとのマリアージュにはハードルが高いです
が、ひと手間かけることで程よい辛味と風味が相
性抜群のおつまみになりますよ。

「土曜の14:00は大人の"家飲み"時間。
ワインを傾けて、
"キムチ料理"で짠（チャン）！」
—— ヒゼ先生

　韓国というと焼酎やマッコリを飲むイメージがあると思いますが、近年は"ワインブーム"が続いてます。赤ワインというと、キムチは合わないとよく聞きますよね？　理由は赤ワインに含まれる渋み成分タンニンとキムチのカプサイシンが反発しあうからだそうです。また、塩辛はどうしても魚介の生臭さが出てしまうため、ワインと邪魔し合うこともあるそうです。でも、よく考えたら、ワインもキムチも発酵食品。同じ発酵食品のチーズはワインとよく合うのに、なぜ、キムチだとダメなの？と、ずっと思っていました。ワインブームの韓国では最近、ワイン×キムチ料理のペアリングが注目されていています。安国洞にある、オン6.5（온6.5）という、ワインダイニングバーでは、すべてのメニューにキムチを使っていて、ワイン好きな若者に人気があります。この章では、キムチアレンジ料理に合うワインもご紹介しているので参考にしてみてください。「ワインとキムチ料理って意外と合うんだね！」と思ってくれるはずです。

キムチさつま揚げ

キムチを使って、ワインに合う料理 1

おすすめは白ワイン(たとえば、ゲヴュルツトラミネール、ドライ・リースリング)

◎材料[2人前] 30分

白菜キムチ —— 100g	
さつま揚げ —— 150g	**A**
長ねぎ —— ½本	しょうゆ —— 大さじ1
ししとう —— 5本	水 —— 40㎖
油 —— 大さじ1	唐辛子粉 —— 大さじ1
ごま油 —— 小さじ1	みりん —— 大さじ1
はちみつ —— 大さじ1	イワシエキス —— 小さじ1
炒りごま —— 適量	砂糖 —— 小さじ1

◎作り方

1. さつま揚げと白菜キムチは食べやすいサイズに切り、長ねぎは斜め切り、ししとうは洗って水気を切っておく。

2. ボウルにAを入れてよく混ぜておく。

3. フライパンに油と長ねぎを入れてから中火にかける。香りが立ったら白菜キムチを加え炒める。

4. さつま揚げを加えて炒め、2のタレとししとうを加えて炒める。火を止めてから、はちみつとごま油を加えてよく混ぜる。

5. 器に盛りつけたら炒りごまをふりかけて完成。

キムチベイクドポテト

キムチを使って、ワインに合う料理 2

おすすめは赤ワイン(たとえば、バルベーラ、キャンティ)

◎材料［1人前1個分］ 30分

白菜キムチ —— 50g	砂糖 —— 小さじ1
じゃがいも —— 1個	バター —— 10g
ベーコン —— 40g	油 —— 小さじ1
コチュジャン —— 小さじ1	小ねぎ —— 少々

◎作り方

1. ベーコンは1cm幅に切ってカリカリに炒めておく。

2. 白菜キムチは刻んでボウルに入れ、コチュジャンと砂糖を加え、よく混ぜておく**ⓐ**。

3. ベーコンを炒めたフライパンに2を入れ、弱火で焦げないようにかき混ぜながら炒め、キムチがしんなりしてきたら火から下ろし、別皿に移す。

4. じゃがいもは10分電子レンジにかけたあと、250℃のオーブンで10分ほど焼く。

5. 器に十字に切りこみを入れたじゃがいものせ、バター、炒めた白菜キムチ、カリカリベーコンと小口切りにした小ねぎをのせて完成。

ⓐ

イカときゅうりの和え物

おすすめは白ワイン（たとえば、ソーヴィニヨン・ブラン、アルバリーニョ）

◎材料 [2人前] 15分

キムチヤンニョム(P.22) —— 50g	お酢 —— 大さじ2
いか(刺身用) —— 100g	塩 —— 小さじ½
きゅうり —— 1本	小ねぎ —— 3本
玉ねぎ —— 50g	炒りごま —— 大さじ1

◎作り方

1. きゅうりは縦に半分に切って種を取ってから斜め切りにする。玉ねぎは薄切りしてボウルに入れ、お酢大さじ1と塩を入れて和えてから10分ほどおく。野菜から水分が出たらザルに上げておく。

2. 小ねぎは小口に切りにしておく。

3. ボウルに1といかを入れて、キムチヤンニョムとお酢大さじ1を入れて❶、よく混ぜる。小ねぎと炒りごまも加え、混ぜてから器に盛りつけ、2の小ねぎをのせて完成。

❶

帆立とキムチのタルタル

おすすめはスパークリング（たとえば、カヴァ）

◎材料［2人前］ 10分

白菜キムチ —— 100g	A
［オイキムチに変更可］	お酢 —— 大さじ1
帆立 —— 5個	ごま油 —— 大さじ1
かぶ —— 1個	コチュジャン —— 小さじ1
ケイパー —— 小さじ1	砂糖 —— 小さじ1

◎作り方

1. 白菜キムチは細かく刻んでおく。帆立は1cm角に。かぶは5mm角にカット。

2. Aをすべてボウルに入れ、タレを作り、1を全部入れて和えて器に盛りつけ、ケイパーをのせて完成。

キムチ明太子ブルスケッタ

おすすめはロゼワイン、オレンジワイン

◎材料 [2人前] 10分

白菜キムチ —— 100g

フランスパン —— ½本 (7カット)

明太子 —— 50g

クリームチーズ —— 100g

はちみつ —— 小さじ1

ディル —— 10g

◎作り方

1. フランスパンはトースターで色がつくまで焼く。
2. 白菜キムチをみじん切りしておく。明太子の皮は取り除き、中身を出してよく混ぜ合わせる 。
3. クリームチーズとはちみつをよく混ぜる。
4. パンに2をのせ、その上に3をのせて、ディルを飾れば完成。

おすすめは白ワイン（たとえば、シャブリ）

◎材料［2人前］ 25分

白菜キムチ —— 80g　　　　にんにく —— 2片

牡蠣 —— 100g　　　　　　鷹の爪 —— 1個

マッシュルーム —— 3個　　オリーブオイル —— 100㎖

ミニトマト —— 3個　　　　塩 —— 小さじ½

アンチョビ —— 1枚　　　　パセリ —— 少々

◎作り方

1. 牡蠣はぬめりや汚れを落としながらよく洗い、水気をしっかり取っておく。

2. 白菜キムチは洗って水気を切り、食べやすい大きさに切る。

3. マッシュルームは2等分にし、ミニトマトは半分にカット。にんにくはつぶし、アンチョビはみじん切りに。

4. アヒージョの鍋にオリーブオイルを入れ、鷹の爪とにんにく、アンチョビを入れて、中火にかけにんにくの香りが立ったら牡蠣と白菜キムチと塩を入れてⓐ、5分ほど加熱する。

5. 牡蠣に火が通ったら火から下ろし、パセリをかけて完成。

ⓐ

キムチを使って、ワインに合う料理 7

キムチ揚げパン

おすすめは赤ワイン（たとえば、ピノノワール、ボジョレー）

◎材料［2人前］ 30分

白菜キムチ —— 50g

食パン —— 4枚

えび —— 100g

片栗粉 —— 大さじ1

水 —— 大さじ1

マヨネーズ —— 適量

油 —— 適量

A

卵白 —— 1個分

片栗粉 —— 大さじ2

オイスターソース —— 小さじ1

白こしょう —— 少々

◎作り方

1. えびはボールに入れ、片栗粉と水大さじ1を入れて手でよく揉み込んだあと、流水で洗い流し、キッチンペーパーで水気を取り、みじん切りにしておく。

2. 白菜キムチはみじん切りにして、水気を切る。

3. ボウルに1と2、Aを入れ、混ぜ合わせる。

4. 食パン2枚にマヨネーズを塗り、3をのせ❿、残りの2枚で挟む。

5. 180℃に熱した油に4を入れ、中に火が通るまで裏返しながら5分ほど揚げたら取り出し、油を切ってパンを半分に切る。

❿

第四章

キムチを使って、
朝ごはん

すべて15分以内で作れるから、忙しい朝にもお
すすめ！　カプサイシンの効果で、体が中からポ
カポカ温まるので、1日の始まりにぜひ食べてほ
しい一品ばかりです。

キムチスープ

キムチを使って、朝ごはん 1

◎材料［2人前］ 15分

白菜キムチ —— 100g
　　［カクテキに変更可／細かく刻む］
豆腐 —— 80g
長ねぎ —— ¼本

唐辛子 —— 1個
水 —— 500㎖
煮干し —— 10尾
唐辛子粉 —— 小さじ1
あみの塩辛 —— 小さじ1

◎作り方

1. 水500㎖を火にかけ、沸騰したら頭を取った煮干しを入れてから火を止め、一晩おいてから煮干しを取り出して煮干しだしが完成。

2. 白菜キムチは食べやすいサイズに切る。長ねぎと唐辛子は小口切りする。豆腐は2㎝の角切りする。

3. 鍋に1と切った白菜キムチを入れて火にかける。中火にかけてキムチが透明になったら唐辛子粉、あみの塩辛を加えて🅐煮立てる。

4. 豆腐、長ねぎ、唐辛子を加えてひと煮立ちさせたら完成。

🅐

キムチたこ粥

キムチを使って、朝ごはん 2

◎材料［2人前］ 15分

白菜キムチ —— 50g

ごはん —— 120g

水 —— 300mℓ

干しえび —— 大さじ2

たこ —— 50g

しょうゆ —— 大さじ1

卵 —— 1個

炒りごま —— 小さじ1

ごま油 —— 小さじ1

小ねぎ —— お好みで

◎作り方

1. ごはんと干しえび、水をミキサーに入れて**ⓐ**、よく混ぜる。

2. 白菜キムチは1cm程度に刻み、たこは小口切りする。卵は溶きほぐす。

3. 1を鍋に移し、白菜キムチを加え、火にかける。沸騰したら弱火にしてかき混ぜ、5分経ったら、たことしょうゆ、溶き卵を加え、混ぜながら加熱する。卵が固まったら火を止める。

4. 器に盛りつけ、炒りごまとごま油とカットした小ねぎをのせて完成。

ⓐ

キムチアボカド丼

◎材料［1人前］ 15分

白菜キムチ —— 50g	ライム汁 —— 大さじ1
ごはん —— 180g	しょうゆ —— 小さじ1
アボカド —— ½個	ごま油 —— 小さじ1
明太子 —— 30g	刻みのり —— 適量

◎作り方

1. 白菜キムチを刻み、アボカドは半分に切り、種を除いておく。明太子は薄皮から取り出し、ほぐしておく。
2. アボカドを1㎝角に切り、ライム汁を加えて和える。
3. ボウルに白菜キムチと明太子、しょうゆ、ごま油を加えてよく混ぜる。
4. 器にごはんをよそい、2を盛りつけ、その上に3をのせて最後に刻みのりをトッピングすると完成。

ⓐ

キムチチーズホットサンド

キムチを使って、朝ごはん 4

◎材料［1人前］ 10分

白菜キムチ ── 50g

　［キャベツキムチに変更可］

食パン（6枚切り）── 2枚

ピザ用チーズ ── 50g

スライスチェダーチーズ ── 1枚

バター ── 30g

砂糖 ── 小さじ1

唐辛子粉 ── 小さじ1

◎作り方

1. 白菜キムチは千切りし、軽く汁を絞ってボウルに移し、砂糖と唐辛子粉を入れて混ぜておく。

2. フライパンにバター10gを入れて熱し、1を入れ、しんなりなったら火から下ろして、別皿に移しておく。

3. 食パン1枚にスライスチェダーチーズ、ピザ用チーズの半分をのせて2のキムチをのせてから残りのピザ用チーズをのせ、食パンをのせ、サンドする。

4. 中火で熱したフライパンにバター10gを入れて溶かし、3を入れて焼き色がついたら裏返し、残りのバター入れて焼き色がつくまで焼く。

ⓐ

キムチプルコギトッポギ

◎材料［1人前］ 15分 （餅の水に浸す時間省く）

白菜キムチ —— 100g
　　［キャベツキムチに変更可］
牛小間切れ肉 —— 150g
トッポギの餅 —— 150g
玉ねぎ —— ¼個
しいたけ —— 2個
長ねぎ —— ½本

唐辛子 —— 1本
油 —— 大さじ1
炒りごま —— 大さじ1
A
｜しょうゆ —— 大さじ1
｜みりん —— 大さじ1
｜ごま油 —— 小さじ1
｜こしょう —— 少々

◎作り方

1. トッポギの餅は水に浸しておく。30分ほど経ったらザルにあげ水気を取る。
2. 牛小間切れ肉と**A**をボウルに入れてよく和えておく。
3. 白菜キムチは食べやすいサイズに切る。玉ねぎとしいたけは薄切りにして長ねぎは斜め切りする。
4. 中火に熱したフライパンに油をひき、**2**を炒め肉の色が変わったらトッポギと**3**を全部入れて❶、玉ねぎがしんなりしてきたら火を止めて器に盛りつけ、斜め切りにした唐辛子と炒りごまかけたら完成。

❶

キムチを使って、朝ごはん 6

キムチとびこの丸いおにぎり

◎材料［1人前］ 8分

白菜キムチ —— 100g	えごまの葉 —— 3枚
［カクテキに変更可／細かく刻む］	マヨネーズ —— 大さじ1
ごはん —— 200g	炒りごま —— 大さじ1
とびこ —— 40g（飾り用5g）	えごま油 —— 大さじ1
たくあん —— 40g	

◎作り方

1. 白菜キムチは洗って水気をしっかり切る。たくあんはとえごまの葉はみじん切りしておく 。

2. ボウルにとびこを含めたすべての材料を入れて混ぜて丸形に握り、飾りとして上に盛る。

ⓐ

キムチを使って、朝ごはん 7

キムチオムレツケサディア

◎材料 ［1人前］ 15分

白菜キムチ —— 50g	トルティーヤ —— 1枚
卵（Mサイズ）—— 2個	塩 —— 少々
マッシュルーム —— 25g	黒こしょう —— 少々
チーズ —— 25g	油 —— 大さじ1

◎作り方

1. 白菜キムチは刻んでザルにあげ、水気を切る。マッシュルームは薄切りする。

2. ボウルに卵を入れて、塩と黒こしょうを入れて溶きほぐす。

3. フライパンにに油をひいて中火で熱し、2を流し入れ、縁が固まってきたら、弱火にして1とチーズをのせてから❷トルティーヤをのせて押さえる。

4. 裏返して半分に折り、トルティーヤの両面に焼き色がつくまで焼く。

❷

キムチの味噌春雨スープ

◎材料［2人前］ 10分

白菜キムチ —— 100g
　　［キャベツキムチに変更可］
緑豆春雨(乾) —— 50g
厚切りベーコン —— 30g
和風だし —— 500mℓ

ごま油 —— 小さじ1
小ねぎ —— 適量
A
　味噌 —— 大さじ1
　コチュジャン —— 小さじ1

◎作り方

1. 白菜キムチは食べやすいサイズに切り、厚切りベーコンは1cm幅に切る。

2. 春雨を茹でてザルにあげて湯切りをしておく。

3. 鍋に和風だしと**1**を入れて中火に熱し、煮立ったら**A**と春雨を加える**ⓐ**。味噌とコチュジャンが完全に溶けたらお椀に盛りつけ、カットした小ねぎとごま油を散らせば完成。

ⓐ

キムチのコールスロー

キムチを使って、朝ごはん 9

◎材料［2人前］　10分

白菜キムチ —— 150 g
　［キャベツキムチに変更可］
ハム —— 30 g
かにかま —— 30 g
にんじん —— 50 g
玉ねぎ —— ¼個
コーン（缶詰）—— 50 g

A
マヨネーズ —— 大さじ2
砂糖 —— 小さじ1
こしょう —— 少々

◎作り方

1. 白菜キムチは洗ってしっかり水気を切り、薄切りにしておく 。
2. ハムは短冊切りに、かにかまは手で割いてにんじんは千切り、玉ねぎは薄切りにする。
3. コーンはザルにあげ、水気を切る。
4. ボウルに1〜3とAを入れ、よく合わせ混ぜて器に盛る。

ⓐ

キムチサルサホットドック

◎材料 ［2人前］ 10分

白菜キムチ —— 100g
　　［オイキムチに変更可］
ホットドック用コッペパン —— 2個
バター —— 10g
ソーセージ —— 2本
油 —— 小さじ1

トマト —— 1個
紫玉ねぎ —— ¼個
ピーマン —— ¼個
しょうゆ —— 大さじ1
砂糖 —— 小さじ1
ごま油 —— 小さじ1

◎作り方

1. まずはサルサソースを作る。白菜キムチは刻んでザルにあげ、トマト、紫玉ねぎ、ピーマンはみじん切りする。

2. ボウルに1、しょうゆ、砂糖、ごま油を加えて混ぜる**ⓐ**。

3. コッペパンは縦に切り目を入れ、中火に熱したフライパンにバターを溶かし焼き色がつくように焼いてから火から下ろす。

4. 中火に熱したフライパンに油をひき、ソーセージの中まで火が通るまで焼く。

5. コッペパンにソーセージを挟み、キムチサルサソースをのせれば完成。

ⓐ

おわりに

『ヒゼ先生の無性に食べたくなる！　韓国ドラマの定番ごはん』の2冊目として、私がみなさんに自信を持ってお届けできるものは何だろう……と考えたとき、味、うま味、深みの3拍子揃った我が家の"キムチ"が頭に浮かびました。　キムチは韓国人には欠かせないものであり、日本にいても身近に韓国を感じられるものです。ただ、日本人の友人に聞くと、「キムチがいつも少しだけ残ってしまう」、「賞味期限が過ぎてしまった」という話を耳にします。そこで、さまざまな料理を我が家自慢のキムチでアレンジしてはどうかと思いついたのです。この本を通じて、本場のキムチの風味や味わい、そしてキムチの意外なアレンジ料理のおいしさに気づいてくれたらうれしいです。　　最後に、出版に尽力を注いでくれた徳間書店の安田さんに本当に感謝をしています。今回、多大なご協力をいただいたスタイリストのKOMAKiちゃん、ライターの竹内さん、フォトグラファーの山下さん、デザイナーの塙さん、編集の橋本さんに感謝を申し上げます。そしていつも私を見守ってくれ、日本での仕事のパートナーであり、親友でもある愛ちゃんにはここでは伝えられないぐらい感謝をしています。この場を借りて最後まで私に関わってくれた皆さんにチンチャ　コマオー！

あなたが作るキムチで、家族やパートナー、友人が、
そして、あなた自身が
「マシッソヨ！」と笑顔になりますように。

ヒゼ先生

おわりに

103

韓国料理研究家／コリアンフードコーディネーター

ヒゼ先生

服部調理専門学校卒業後、ソウルの淑明女子大学校大学院にて伝統食生活文化課程修了。宮廷飲食研究院では伝統飲食文化課程修了。

韓国でレストラン経営のほか、レストランコンサルタントやメニュー開発などに携わる。2021年に『ヒゼ先生の無性に食べたくなる！韓国ドラマの定番ごはん』を刊行。

ホームページ：hizesensei.com
Instagram：@hizesensei

企画・編集・執筆
橋本優香

執筆
竹内志津子

写真
山下忠之

スタイリスト
KOMAKi

料理補助・フードスタイリスト
平林 愛

撮影協力
UTUWA　小野 俊

装丁・本文デザイン
塙 美奈[ME&MIRACO]

DTP
若松 隆

韓国料理研究家
ヒゼ先生の愛情キムチ
簡単なのに"おいしい"と必ず言われるキムチレシピ39皿

2023年7月31日　初版第1刷発行

著　者　　ヒゼ先生
発行者　　小宮英行
発行所　　株式会社 徳間書店
　　　　　〒141-8202　東京都品川区上大崎3-1-1 目黒セントラルスクエア
　　　　　電話　【編集】03-5403-4350　【販売】049-293-5521
　　　　　振替　00140-0-44392
印刷・製本　広済堂ネクスト